Heloisa Galves
Regina M. Azevedo

PEQUENO LIVRO DOS ANJOS ALEMDALENDA

5ª. edição

OutrasPalavras

Fotocomposição e projeto gráfico: Outras Palavras
Ilustrações: Alexandre Rampazzo, inspiradas em personagens de Heloisa Galves

COLEÇÃO ALEMDALENDA
Série PEQUENO LIVRO ALEMDALENDA
Conheça os outros!!
1 - Pequeno Livro do Amor Alemdalenda
3 - Pequeno Livro da Sorte Alemdalenda
4 - Pequeno Livro das Virtudes Alemdalenda

Receba seu exemplar pelo Correio!!
Envie seu pedido via fax ou e-mail para:

Outras Palavras Prod, Editoriais e Com. Ltda.
Rua Santo Egídio, 709, cj. 141
CEP 02461-011 São Paulo SP
Tel./Fax (011) 6959-4823
e-mail: outras-palavras@uol.com.br

Apresentação

Este livro foi escrito para você que acredita na sincronicidade e nas esferas angelicais. Depois de algum tempo esquecidos, os anjos voltam à baila brindando-nos com sua suave e límpida energia sempre que invocados por nós, quando necessitamos de uma força adicional para encontrar o melhor caminho, a melhor solução.

Neste momento em que o materialismo começa a abrir espaços para as energias mais sutis e a espiritualidade aflora nos quatro cantos da Terra, os anjos vêm resgatar seu importante papel de intermediários entre nós — simples mortais — e a Inteligência Superior. É claro que somos dotados de nossa porção divina, mas muitas vezes não conseguimos entrar em contato com ela e um sopro angelical pode trazer aos nossos ouvidos exteriores a resposta que não conseguimos escutar vinda através do coração.

Para quem acredita no princípio da sincronicidade desenvolvido pelo brilhante psiquiatra suíço Carl Gustav Jung, estes aforismos serão de grande valia. É certo que os anjos sabem o que é melhor para cada um de nós, mas é preciso que *nós tomemos consciência de nossas escolhas.* Nossas atitudes, instrumentos do livre-arbítrio, dão rumo às nossas vidas, mesmo que em certos momentos a melhor opção seja a imobilidade ou a quietude...

Acreditamos que as coisas não acontecem "por acaso" e que se você abrir aleatoriamente este livro e optar pela página direita ou esquerda, ela trará uma mensagem muito útil e adequada para o seu momento, uma dica que os símbolos do seu inconsciente não conseguiram tornar compreensível à luz da sua consciência até então.

Usado como um oráculo, para meditação ou simples entretenimento, o que importa mesmo é que saibamos ouvir as doces mensagens dos anjos para tornar nossas vidas mais fáceis, bem-humoradas e prazerosas. Se este trabalho lhe fornecer uma chave que seja para a tomada de uma decisão importante, já nos sentiremos felizes e recompensadas. Com alegria angélica (e as bênçãos de Luziel, o anjo da Guarda),

Heloisa Galves e Regina M. Azevedo

Aos duendes que sempre me acompanham, os anjos mais próximos de mim.

H.G.

Aos anjos da inspiração, da cura e da proteção que zelam por mim.

R.M.A.

Dados Internacionais de Catalogação na Publicação (CIP)
(Maria Cecília Candeias CRB-8/2888)

Pequeno livro dos anjos Alemdalenda / textos de Regina M. Azevedo; lustrações baseadas em personagens de Heloisa Galves. 5ª ed., 2000 São Paulo : Outras Palavras, 1995 - (Coleção Outras Palavras / Alemdalenda. Série: Pequeno Livro Alemdalenda)

ISBN 85-86389-13-7

1.Anjos 2.Oráculos I. Azevedo, Regina M. II.Galves, Heloisa

CDU 235.1

Entendendo os Anjos

Você, com certeza, crê em anjos; caso contrário, não disporia de seu tempo buscando conhecer e interagir com a energia angélica, como está fazendo neste exato momento. Ah, você não acredita em anjos? Examine honestamente, bem no fundo dos escaninhos da sua consciência e perceba que, ao menos, você lhes concede o beneplácito da dúvida...

A palavra *anjo* deriva do latim — *angelu* — ou do grego — *ággelos* — e significa "*mensageiro*". Assim, nossos aliados celestes serviriam de ponte entre os homens e as energias superiores — ou deuses, como eram invariavelmente denominados. Com o passar dos tempos, o arquétipo angelical foi-se solidificando em torno de figuras rechonchudas, de pele rosada, roupas esvoaçantes, auréola e um indefectível par de asas. Há quem os veja assim. Outras pessoas identificam-no com uma cor, uma luz, uma árvore, um cristal. Feche os olhos e reflita por um momento: qual a natureza do seu anjo?

Se você teve algum embasamento religioso, sem dúvida deve ter ouvido falar do seu pajem invisível, pessoal e intransferível, que zela por você a todo instante. Conhecido como anjo da guarda, deve ter sido, muitas vezes, merecedor de sua atenção, principalmente quando as coisas não iam lá tão bem... Faça contato com ele: respire fundo, abra seus sentidos e tente absorver sua energia calmante e apaziguadora. Seja grato, cante uma música, leia uma poesia, ancore esse momento de paz através de uma lembrança que poderá vir à tona sempre que você desejar. Solte-se. Entregue-se à doce sensação de conforto e segurança; afinal, você não está sozinho, mas muito bem acompanhado.

Seu anjo tem um nome? Ah, você não sabe... Não importa. Crie um apelido carinhoso para ele; trate-o como um amigo: com intimidade, lealdade, confiança, companheirismo. Abra seu coração, converse com ele. Há dois momentos no dia mais favoráveis para contactá-lo; pela manhã, logo ao acordar, à noite, antes de pegar no sono. Nesses períodos, a consciência começa a baixar como o Sol que se põe; e o inconsciente ilumina o céu da mente como o brilho da Lua, que embora emprestado, também clareia. Fale com seu anjo. Verbalize seus medos, suas tristezas, suas expectativas, seus progressos, suas alegrias. Compartilhe suas emoções; você tem um amigo.

Às vezes precisamos de ajuda extra. Aí é bom recorrer aos arcanjos, líderes entre os anjos, cujos nomes encontram-se impregnados do poder que lhes foi conferido, alicerçado ao longo dos anos através da sua repetição, que lhes atribui propriedades mântricas. É tempo de invocar Gabriel, *a Força de Deus*, Uriel, *o Fogo de Deus*, Miguel, *o Guerreiro de Deus*, Rafael, *o Curador Divino*, Haniel, *a Graça de Deus*, Raziel, *o Segredo de Deus*, ou Auriel, *o Guardião da Noite*.

É preciso agradar os anjos? Absolutamente. Os anjos não nos dão as costas ou simplesmente se aborrecem e "não brincam mais". Mas não custa nada mostrarmos nossa boa vontade, pois, antes de tudo, este é um gesto de carinho e respeito para com nós próprios! Os anjos não precisam da luz de velas nem da fragrância dos incensos, posto que já são eles próprios iluminados e perfumados. Esses artifícios são apenas símbolos que se prestam mais à elevação da consciência do homem que da consciência angélica. Mas os símbolos traduzem códigos, e o homem é um animal simbólico. Por isso, se desejar homenagear seu anjo, não hesite em oferecer-lhe flores, perfumes, velas coloridas, roupas e adornos com alguma finalidade específica. O objeto em questão estabelecerá uma ponte que estreitará seus laços com o anjo homenageado. Para ajudá-lo nessa tarefa, seguem algumas listas com referências-padrão:

Cores dedicadas aos anjos:

Para os anjos guardiães do lar: rosa, magenta, verde-claro
Para os anjos curadores: azul-safira-escuro
Para os anjos da maternidade e do nascimento: azul celeste
Para os anjos do cerimonial e da música: branco
Para os anjos da natureza: verde-maçã
Para os anjos da arte, da beleza e da sabedoria: amarelo

Incensos dedicados aos anjos:

Para os anjos da guarda: jasmim e rosa
Para os anjos curadores: pinho
Para os anjos da criatividade: sândalo
Para os anjos mensageiros: madressilva
Para os anjos da alma: jacinto
Para os anjos exterminadores de preocupações e corretores de prosperidade: gardênia
Para os anjos treinadores de felicidade: lilás

Há também quem afirme existir certa correspondência astrológica entre anjos, signos do zodíaco, planetas, dias da semana e meses do ano. De acordo com essa classificação teríamos:

Gabriel, que governa janeiro e o signo de Aquário
Barchiel, que governa fevereiro e o signo de Peixes
Machidiel, que governa março e o signo de Áries
Asmodel, que governa abril e o signo de Touro
Ambriel, que governa maio e o signo de Gêmeos
Muriel, que governa junho e o signo de Câncer
Verchiel, que governa julho e o signo de Leão

Hamaliel, que governa agosto e o signo de Virgem
Uriel, que governa setembro e o signo de Libra
Barbiel, que governa outubro e o signo de Escorpião
Adnachiel, que governa novembro e o signo de Sagitário
Hanael, que governa dezembro e o signo de Capricórnio

Rafael, que rege o Sol e o domingo
Gabriel, que rege a Lua e a segunda-feira
Samael, que rege Marte e a terça-feira
Miguel, que rege Mercúrio e a quarta-feira
Haniel, que rege Vênus e a quinta-feira
Hanael, que rege Saturno e a sexta-feira
Zadkiel, que rege Júpiter e o sábado

Qualidades que os anjos "apreciam"

Você quer atrair os anjos? Pois então mantenha-se bem-humorado, otimista, seja criativo, cultive a imaginação e a fé, despreocupe-se, entregue-se às brincadeiras inocentes, alimente o espírito da sua criança interior, seja despojado, puro, leve. Ouça a sua intuição, esteja atento aos sinais e às sincronias, habitue-se a "manter contato" com os anjos através de orações, bilhetes, pensamentos, desenhos, fotos, lugares e paisagens com astral angelical.

Antes de fazer sua consulta ou meditação, procure entrar em contato com as energias angélicas. Só então formule com clareza a sua questão e aceite a resposta, mesmo que a princípio ela lhe pareça inoportuna. Acredite na sincronicidade, não oponha resistência. Depois de algum tempo, releia a proposição e veja se alguma coisa dentro de você já se transformou. Evite perguntar sempre a mesma coisa, pois as mudanças requerem seu próprio tempo para se realizar. Confie na sabedoria do Universo que lhe é manifestada através das mensagens dos anjos. É certo que nós, autoras, somos tão humanas quanto você, mas temos certeza de que a inspiração que permeou este trabalho só pode ter tido "uma mãozinha" da gloriosa providência divina. Que os anjos digam amém a todos os seus desejos. E que estes sejam dignos, visando o bem-estar de todos, sem prejuízo de ninguém.

Não esqueçam da hospitalidade, da amizade, da cordialidade, da gentileza porque, graças a isso, muitas vezes acolhemos anjos.

(Epístola dos Hebreus)

É TEMPO DE

Refletir

Antes de tomar uma atitude importante, pense bem. "A pressa é inimiga da perfeição..." A vida nem sempre nos dá uma segunda chance de acertar... ou errar.

É TEMPO DE
Estudar

Ninguém nasceu sabendo. Dedique parte do tempo a algum assunto de seu particular interesse. Aquilo que verdadeiramente conhecemos constitui o nosso maior tesouro.

É TEMPO DE

Dialogar

A verdade tem muitas faces, você a vê por um lado, outra pessoa por outro. O diálogo é fundamental para que possamos juntar as partes, perfazendo o Todo.

É TEMPO DE
Cativar

Trazer a alma do outro para dentro de si e expor a sua própria, de todo coração, é um exercício de amor. "Tu te tornas eternamente responsável por aquilo que cativas", ensinou a Raposa ao Pequeno Príncipe.

(extraído de "O Pequeno Príncipe", de Antoine de Saint-Exupèry)

É TEMPO DE

Ceder

O galho que não se enverga quebra, murcha e seca; o caule que balança recolhe a energia do vento e, revigorado, volta ao ponto de partida ou até mesmo se projeta adiante. Reconhecer o momento certo de se dobrar transforma a fraqueza em poder.

É TEMPO DE
Desapegar

A vida flui, nada é para sempre.
Abençoar e deixar ir nos coloca em
sintonia com a Dança Cósmica
do Universo. Lembre-se:
a posse não garante a propriedade.

É TEMPO DE

Transformar

Muitos anseiam pelo novo, mas hesitam em deixar morrer o que não tem mais vez. O poder transformador é dado a todos; poucos, porém, ousam utilizá-lo, temendo o preço a pagar pela renovação.

É TEMPO DE

Servir

É preciso ser útil às pessoas e às coisas que amamos. Prestar serviço enriquece e dignifica muito mais o servidor que aquele que é servido, pois o primeiro é quem desenvolve suas habilidades, abrindo espaço para seu crescimento interior.

É TEMPO DE

Permanecer

Às vezes, não adianta buscar lugar
algum para onde ir.
Você pode fugir de quase tudo
e de quase todos — menos de si mesmo...
Dê um tempo e fique bem quietinho,
bem juntinho de você.

É TEMPO DE

Organizar-se

O ambiente à sua volta reflete sua organização interior. Quando não se consegue pôr ordem no que está dentro, a arrumação pode começar pelo que está ao seu redor. Aos poucos, o espírito da organização tomará conta de você...

É TEMPO DE
Libertar-se

Espanar a poeira do tempo,
remover as teias, limpar e arejar.
Um brilho renovado cintila dando vida
nova ao que parecia velho e explode
numa energia que ninguém pode conter.
Experimente a sensação de ser livre.
Você merece!

É TEMPO DE

Confiar

Quando todas as suas forças e iniciativas resultam em vão, permita-se apenas ser um instrumento da Inteligência Superior. Sem opor resistência, a Verdade lhe é revelada. O exercício da entrega aponta novos caminhos.

É TEMPO DE *Aguardar*

Tudo tem seu momento... Muitas vezes,
o tempo não pode ser dimensionado
em segundos, minutos e horas.
O espectro de sua amplidão,
nesses casos, só pode ser captado pelo
invisível relógio do Destino.

É TEMPO DE

Aventurar-se

Conhecer o novo, desvendar os mistérios da vida, vivê-la como uma grande aventura são atitudes sensatas e naturais para quem aprecia os desafios sem enfrentá-los como quem vai à luta, mas com a sabedoria e a maleabilidade próprias dos que têm jogo de cintura.

É TEMPO DE *Harmonizar*

O equilíbrio é a meta de quem percorre o caminho do meio. Saber conciliar as energias dos opostos, respeitando as diferenças, é sinal de maturidade. Nem o fogo do verão nem o gelo do inverno: florescer e frutificar é próprio das estações intermediárias.

É TEMPO DE

Intuir

Ouvir sua voz interior talvez requeira silêncio, quietude e introspecção. Mas a sabedoria contida em cada palavra revelada pelo âmago do seu Eu Superior vale muito mais que cem pensamentos soltos no ar.

É TEMPO DE
Limitar

Para ser inteiro, preserve seu espaço interna e externamente. Cada qual tem seu próprio campo de energia; doar-se o tempo todo leva à exaustão. É correto dizer não quando esta é a palavra que traduz o desejo do seu coração.

É TEMPO DE *Interferir*

Deixar que tudo se resolva ao sabor do Destino nem sempre é a melhor solução. Um empurrãozinho da sua vontade, neste momento, encurtará caminhos, economizando tempo e energia preciosos, que poderão ser empregados na solução de outras questões importantes.

É TEMPO DE
Seduzir

"Se Maomé não vai à montanha,
a montanha vai a Maomé..."
Mas use a sedução com prudência:
encantar alguém é válido desde
que você se responsabilize pela
boa fé do encantamento...
e por suas conseqüências...

É TEMPO DE
Ajudar

Quando o auxílio é solicitado, devemos estar de prontidão. Mais que isso, convém estarmos atentos às necessidades alheias mesmo que o pedido de socorro não se manifeste explicitamente.

É TEMPO DE

Trilhar

Os caminhos se abrem em todas as direções. Escolha o que lhe parecer mais adequado e siga em frente sem medo, sem remorso, sem olhar para trás.

É TEMPO DE

Questionar

Ninguém é dono da verdade.
Um vestígio de dúvida, por mínimo
que seja, deve ser eliminado.
"Perguntar não ofende."

É TEMPO DE
Lutar

A conquista do ideal almejado muitas vezes requer esforço concentrado naquela direção. Que sejam nobres os ideais, para que possamos lutar o bom combate.

É TEMPO DE
Recusar

Só o papel aceita tudo. Você tem o direito de dizer não sempre que uma luz interior se acender, alertando-o para algo que atenta contra a sua ecologia pessoal.

É TEMPO DE

Respeitar

Tudo o que existe é digno de respeito, pois a existência já é, em si, plena de significados. Antes de julgar e condenar, experimente o ponto de vista do outro.

É TEMPO DE
Compartilhar

*O Universo, em sua sabedoria,
nos permite operar pequenos milagres:
quando dividimos alegrias e sucessos,
estes se multiplicam; se repartimos
tristezas e dores, estas vão diminuindo,
diminuindo, até atingirem o tamanho
exato da sua insignificância...*

É TEMPO DE
Perdoar

O perdão exercita a nobreza de caráter e o crescimento pessoal. Quando relevamos com sinceridade o que consideramos ser as faltas dos outros, estamos também aprendendo a perdoar nossos próprios pequenos — e grandes — pecados.

É TEMPO DE

Amar

A trama invisível que une os homens é tecida a partir do fio do amor. Variam a matéria-prima, a textura, a espessura, os matizes; mas a malha sempre proporciona a mesma sensação de conforto, proteção e carinho característica deste nobre sentimento.

É TEMPO DE

Aceitar

Flexibilidade é o antídoto natural contra o envelhecimento do corpo e da mente. A aceitação é o exercício básico para nos manter em forma, tornando-nos flexíveis. Não é preciso abrir mão de nossas convicções, basta somar a elas as novas idéias e meditar a respeito.

É TEMPO DE

Interiorizar-se

A única sabedoria capaz de lhe fornecer todas as respostas é a que se encontra dentro de você. Aprenda a ouvir sua voz interior através do recolhimento. Os arquivos se abrem e os códigos, antes secretos, tornam-se inteligíveis.

É TEMPO DE
Reconciliar-se

"A menor distância entre dois pontos é uma linha reta." Munido da régua do bom senso, cabe a você encurtar os tortuosos caminhos das divergências, passando a limpo as lembranças através de um gesto direto e determinado.

É TEMPO DE

Proteger

O mais iluminado oferece sua luz ao mais obscuro; o mais forte oferece sua energia ao mais fraco; o mais inteligente oferece sua sabedoria ao mais ignorante. Através de pequenos nobres gestos, sem arrogância nem prepotência, os maiores protegem os menores.

É TEMPO DE
Desafiar

A vida é cíclica e, por isso, requer movimento. Acomodação não é sinônimo de equilíbrio; buscar o novo é o único caminho para o crescimento interior. Lance-se nessa jornada saboreando o gostinho da aventura, pois a vida é um conjunto de surpreendentes desafios diários.

É TEMPO DE *Trabalhar*

Nada cai do céu. Não basta pedir; é preciso fazer por merecer. Por isso, você pode pedir ajuda à Inteligência Superior sempre que precisar, desde que faça a sua parte. Mãos à obra!

É TEMPO DE
Prosperar

O universo é inesgotável e pleno de abundância. Ser próspero é ter tudo aquilo que sacia suas reais necessidades: saúde, amor, dinheiro. Somente quem crê na plenitude universal é capaz de identificá-la e desfrutá-la.

É TEMPO DE

Ousar

Para os tímidos sobram apenas os últimos lugares da fila. Tesouros perdidos são encontrados somente por quem, corajosamente, ousa enfrentar os mistérios do fundo do mar, os perigos da floresta ou as trevas da caverna.

É TEMPO DE

Valorizar-se

Reconhecer o valor de cada pequena conquista, apreciar o que é seu e enxergar as próprias qualidades acima dos defeitos é a fórmula simples e funcional para amar-se e estar de bem com a vida.

É TEMPO DE
Alegrar

Os anjos apreciam o bom humor. Se quiser convocar uma legião deles, procure alegrar-se e alegrar o ambiente à sua volta. A luminosidade angélica ampliará o brilho e o colorido das imagens, trazendo muitas surpresas felizes para o seu cotidiano.

É TEMPO DE Recordar

O passado só deve ser consultado para resgatar lembranças que possam ser recicladas, tornando-se úteis no momento presente. Remoer fatos antigos pelo gosto puro e simples de sofrer não acrescenta nada à sua vida, é pura perda de tempo.

É TEMPO DE

Recomeçar

Seu mundo caiu?
Suas ilusões foram por água abaixo?
Suas convicções foram abaladas?
Ótimo!! Sua aceitação e desapego
proporcionam-lhe agora a chance
de reconstruir sua vida sobre
alicerces mais sólidos e seguros.

É TEMPO DE

Criar

Nada há de novo desde que o mundo é mundo. As coisas são sempre as mesmas, o que faz diferença é a maneira como juntamos isso àquilo, num processo alquímico único e exclusivo. A magia do divino ato da criação está na simplicidade e naturalidade com que este se realiza.

É TEMPO DE *Enfrentar*

Fugir é colocar energia boa sobre energia ruim. Seja lá o que estiver pendente, é preciso encontrar um final para essa história, mesmo que seja necessário mergulhar no fundo do poço.

É TEMPO DE

Compreender

Abra os olhos, os ouvidos, aguce o tato, o olfato. Feche a boca. Agora examine a questão pelo ponto de vista do outro. E se deixe invadir por esse suave e confortável sentimento chamado compreensão.

É TEMPO DE
Semear

Nem tudo é pra já; algumas das coisas mais importantes da vida só florescem muito tempo após a semeadura. Ganha-se concentração ao apreciar a lentidão de cada etapa do crescimento e, de quebra, o divino dom da paciência.

É TEMPO DE

Experimentar

"Não provei e não gostei" é fala típica dos covardes. Cada experiência nova, bem ou mal-sucedida, amplia seu modelo de mundo. Descarte o novo apenas se ele atentar contra a sua natureza; mesmo assim, só depois de pensar muito bem.

É TEMPO DE
Simplificar

As melhores coisas da vida são simples, embora nem sempre fáceis. O prosaico, o singelo, o comum contêm a pureza que eleva nosso espírito e nos aproxima das esferas angelicais, tornando-nos capazes de ouvir com maior clareza as doces mensagens dos anjos.

É TEMPO DE *Iluminar*

A luz que você irradia não é sua,
é apenas reflexo do Sol que tem
origem na Inteligência Superior.
Por isso, irradiá-la para todos ao seu
redor não é favor algum, mas o
cumprimento da Lei Divina.

É TEMPO DE
Esquecer

Remoer mágoas do passado só faz perpetuar a dor. Liberte-se, deixe ir a tristeza. Se você ainda não aprendeu a lição, esqueça: não tinha a menor importância.

É TEMPO DE

Doar

Aquilo que não lhe serve mais tem a exata medida da carência de alguém. Distribua carinho, conhecimentos, bens. O Universo retribuirá transformando sua doação na energia de que você necessita.

É TEMPO DE

Demonstrar

Há muitas maneiras de expressar os sentimentos. Se as palavras forem insuficientes, ainda lhe restam a linguagem dos presentes e a das carícias. Busque o código mais adequado: é importante se fazer entender.